Winter-Tonis

Ob drinnen oder draußen, die Winter-Tonis® machen überall eine gute Figur. Hier finden Sie mehr als 30 hinreißende Tontopfkerlchen, die Farbe in den Winter bringen und zu Weihnachten eine festliche Stimmung verbreiten.

Es ist erstaunlich, was sich aus einfachen Blumentöpfchen, ein bisschen Farbe, Filz und Naturmaterialien alles zaubern lässt: liebenswerte Wichtel fürs Fensterbrett, grinsende Lattenfiguren für die Eingangstüre, ein pfiffiger Adventskalender, eine bärenstarke Tischdekoration und, und, und.

Eine fröhliche Winter- und Weihnachtszeit wünscht Ihnen

Sigrid Heinzmann

Die Motive lassen sich in folgende Schwierigkeitsgrade unterteilen:

● ○ ○ einfach ● ● ○ etwas schwieriger ● ● ● anspruchsvoll

IHRE GRUNDAUSSTATTUNG

Diese Werkzeuge und Materialien benötigen sie für die meisten Objekte im Buch, sie werden in den Materiallisten nicht gesondert erwähnt.

- Montage-Kraftkleber, z. B. Pattex
- Alleskleber und Heißklebepistole, z. B. UHU
- Kreppklebeband
- Jutegarn oder Naturbast
- Schere, ggf. Zackenschere
- scharfes Messer
- Bastelzange
- Cutter mit Schneideunterlage
- Wickeldraht ø 0,5 mm bis 0,6 mm
- wasserfester Filzstift in Schwarz
- Lackmalstifte in Gold und Silber
- Stempelfarbe in Weiß und Farbtupfer oder Schwammstupfpinsel
- wasservermalbare Buntstifte in Rot, Weinrot, Rehbraun und Schwarz
- Bleistift, Radierer, ggf. Zirkel
- Transparentpapier, Kopierpapier
- Stopfnadel und ggf. Stricknadel
- Nähnadel und Nähgarn in verschiedenen Farben
- Pinsel, Wasserglas und Mallappen
- Wattestäbchen, Zahnstocher
- ggf. Klarlack

Materialkunde

Neben den herkömmlichen **Tontöpfen** werden auch bauchige Glockentöpfe, schmale Rosentöpfe, Untersetzer und halbrunde Pflanzschalen verwendet. Eine große Auswahl bieten Bau- und Gartenmärkte an, kleinere Tontopfformen oder Sonderformen der Hobbyfachhandel.

Hinweis: Bei Tontöpfen und Untersetzern wird der innere Durchmesser, ohne Rand, gemessen.

Die Wahl des richtigen **Klebstoffes** ist für das Gelingen der Winter-Tonis® entscheidend. Zum Kleben der Tontöpfe hat sich besonders gut Montagekraftkleber bewährt, dieser hat eine sehr hohe und schnelle Klebekraft. Herausquellenden Klebstoff immer mit einem feuchten Wattestäbchen entfernen. Zum Befestigen von Haaren, Plüsch oder Naturmaterialien kann Heißkleber verwendet werden, für feinere Klebearbeiten, wie das Aufsetzen der Augen, Alleskleber.

Zum Bemalen der Tontopffiguren wird **Acrylfarbe** auf Wasserbasis verwendet. Die Farben sind hochdeckend, untereinander mischbar und es gibt sie wahlweise matt oder glänzend. Zum Schutz vor Nässe im Außenbereich die bemalten Figuren mit einem wetterfesten Klarlack auf Kunstharzbasis überziehen. Feine Konturen und Gesichtszüge mit wasserfestem Filzstift, Lackmalstift oder Buntstiften aufbringen.

So wird's gemacht

Konturen übertragen

Die Vorlagen mit Bleistift auf Transparentpapier abpausen und mit Kopierpapier auf den Topf übertragen. Dazu das Kopierpapier passend groß zuschneiden.

Für die Augen die Kreise mit Knöpfen, Ringen oder Zeichenschablonen aufzeichnen oder einen Zirkel verwenden. Die Kreise ausschneiden, auf den Topf auflegen und umfahren.

Tipp: Wer nicht gerne zum Pinsel greift, kann Augen und Nasen mit Wackelaugen, Holzperlen, Wattekugeln oder aus Fotokarton ausgeschnittenen Papierteilen gestalten.

Wangenbäckchen malen

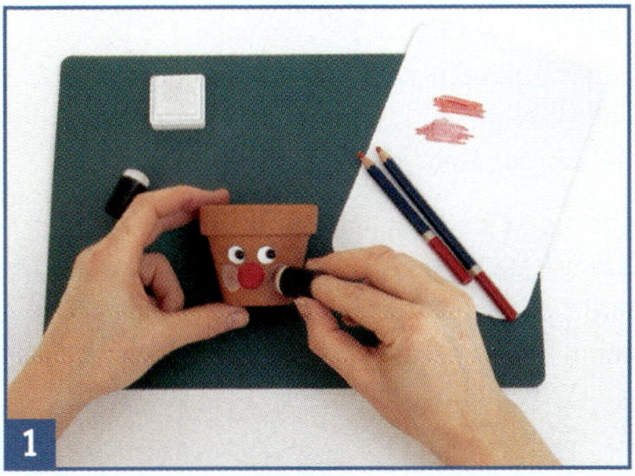

1

Wangenbäckchen lassen sich am besten mit runden Stupfpinseln oder Farbtupfern aufwischen. Besonders zart und rosig wirken die Bäckchen, wenn zuerst eine Schicht weiße Stempelfarbe aufgetragen wird. Dann den wasservermalbaren Buntstift anfeuchten und mit einem zweiten Schwämmchen über die erste Schicht geben.

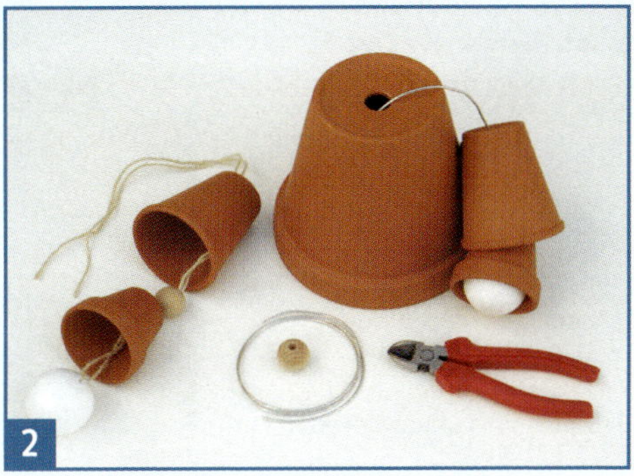

2

Tontopffiguren zusammenfügen

... mit Schnurarmen (Typ 1)

Zum Auffädeln der Tontöpfe Jutegarn, Bast oder Paketschnur verwenden. Bei kleineren Figuren können Figurendraht oder Pfeifenputzer verwendet werden, bei diesen lassen sich die Körperteile später in bestimmten Positionen fixieren (siehe Typ 2).

Auf die Schnur (ca. 1 m lang) eine Rohholzkugel aufziehen, beide Enden der Schnur gleichlang ziehen und die Schnurenden verknoten. Mit dem kleinsten Tontopf beginnen und nacheinander jeweils eine weitere Holzkugel und einen Tontopf aufziehen. Den größten Tontopf zum Schluss auffädeln. Den zweiten Arm ebenso anfertigen. Die überstehenden Schnurenden (ggf. gleichmäßig lang schneiden) durch das Loch des auf dem Kopf stehenden Körpertopfes ziehen und im Inneren durch eine Holzkugel führen oder über einem Hölzchen in der Länge des inneren Topfdurchmessers legen. Die Arme gleichmäßig lang ausrichten und die Schnurenden mehrmals unter der Kugel bzw. über dem Hölzchen verknoten.

... mit Drahtarmen (Typ 2)

Durch die Verwendung von Draht können die Gliedmaßen später beliebig in Form gebogen werden. Bei Figuren ab 30 cm Alu- oder Figurendraht verwenden, bei kleineren Tonis® genügt Chenilledraht.

Für jeden Arm eine Holzkugel oder bei größeren Modellen eine Styroporkugel auffädeln. Das untere Drahtende zu einer Schlaufe biegen und anschließend den kleinsten Topf aufziehen. Nacheinander je eine Holzkugel und den nächsten Topf auffädeln (bei Wickeldraht alternativ Schlaufen biegen). Nach dem letzten aufgezogenen Tontopf den Draht zu einer Schlaufe biegen und die Enden wie bei Typ 1 beschrieben im Topfinneren unter einer Holzkugel oder über einem Holzstab verdrehen. Überstehende Drähte abkneifen.

Tipp: Die im Buch abgebildeten Figuren können je nach Wahl der Topfgröße beliebig vergrößert oder verkleinert werden. Die Vorlagen lassen sich einfach mit einem Kopierer anpassen. Zur Winterszeit bieten Bau- und Gartenmärkte auch günstige Restposten von großen Terrakotta-Gefäßen an.

Riesen-Schneemann

→ Türdekoration zur Winterszeit

1 Die Tontöpfe und -schalen laut Abbildung bemalen und nach dem Trocknen der Farbe das Gesicht mit den Wangenbäckchen (siehe Seite 3) und die Jackenverzierung aufmalen. Als Nase die auf 8 cm gekürzte Plastikkarotte aufkleben.

2 Für die Arme die Styroporkugeln mittig auf Aludraht ziehen (Loch ggf. mit einer Stricknadel vorstechen), die Drahtenden nach oben nehmen und vorsichtig verdrehen. Darauf wie auf Seite 3 beschrieben abwechselnd Holzkugeln und die restlichen Armtöpfe aufziehen und im Körpertopf über einer Holzkugel fixieren.

3 Den Oberkörper auf den Unterkörper kleben und den Kopf und die umgestülpte Tonschale als Hut aufsetzen. Eine Wattekugel als Spitze auf den Hut kleben.

4 Aus Modelliermasse kleine Knöpfe (ø 3,5 cm) formen, nach Herstellerangabe brennen und nach dem Trocknen aufkleben. Mit einem Zahnstocher die Schneeflocken auf die Jacke tupfen. Die Sterne auf dem Hut frei Hand mit einem feinen Pinsel aufmalen. Den Hutrand mit Wattevlies umkleben und etwas aufgezupfte Watte auf die Wattekugel kleben.

5 Die Tonuntersetzer mit gelbem Strickschlauch umspannen, dessen Enden auf der Innenseite verkleben. Die Ohrschützer mit Montagekleber ankleben.

6 Den roten Strickschlauch mit loser Watte leicht ausstopfen, als Schal umbinden und ggf. mit Heißkleber fixieren. Zum Schluss einen kleinen Besen mit Montagekleber anbringen und die Klebestelle nach dem Trocknen mit blauer Farbe überstreichen.

MOTIVHÖHE
ca. 70 cm

MATERIAL

- Tonschalen, ø 20 cm und ø 30 cm
- Terrakottakugel, ø 20 cm
- Rosentopf, ø 30 cm
- 4 Rosentöpfe, ø 9 cm
- 2 Tonuntersetzer, ø 6 cm
- Acrylfarbe in Azurblau, Schwarz, Weiß, Grün, Gelb und Braun
- 2 Styroporkugeln, ø 7 cm
- Wattekugel, ø 6 cm
- Plastikkarotte, 24 cm lang
- Modelliermasse in Schwarz
- Sorgobesen, 40 cm lang
- Strickschlauch in Rot, 6 cm breit, 1,2 m lang, und in Gelb, 6 cm breit, 2 x 10 cm lang
- Wattevlies, 3 cm breit, ca. 70 cm lang
- Watte
- Aludraht, ø 2 mm stark, 2 x 40 cm lang
- 3 durchbohrte Rohholzkugeln, ø 3,5 cm (zum Zusammensetzen)

VORLAGEN-BOGEN 1B

Winterkater

→ freundlicher Türsteher

MOTIVHÖHE
ca. 35 cm

MATERIAL
- 2 Rosenschalen, ø 19 cm
- Tonuntersetzer, ø 14 cm
- Styroporkugel, ø 12 cm
- Balsaholzrest, 3 mm stark, 5 cm x 13,5 cm
- Acrylfarbe in Weiß, Schwarz und Arktisblau
- grobe Schneepaste in Weiß
- Plusterfarbe in Rot
- Moosgummireste in Weiß und Rot, 2 mm stark
- Moosgummi in Schwarz, 3 mm stark, 20 cm x 30 cm
- Küchentuch in Blau, 15 cm x 50 cm
- 2 Halbperlen in Schwarz, ø 8 mm
- Wickeldraht in Schwarz lackiert, ø 0,5 mm, 4 x 7 cm lang
- Chenilledraht in Schwarz, ø 8 mm, 6 x 30 cm lang
- Rundholz, ø 1 cm (Kräuseln der Arme)

VORLAGENBOGEN 2A

1 Die Styroporkugel und die Rosenschalen schwarz, den Untersetzer weiß und das Holzschild arktisblau bemalen. Nach dem Trocknen den Schriftzug mit Plusterfarbe auf das Schild schreiben.

2 Die beiden Rosenschalen zusammen- und auf den Untersetzer kleben und die Styroporkugel auf dem Körper fixieren. Die Moosgummiohren und -gesichtsteile zuschneiden, bemalen und nach Abbildung aufkleben. Als Pupillen Halbperlen aufkleben, für die Barthaare Wickeldraht spiralförmig um ein dünnes Hölzchen oder einen Bleistift wickeln, vorsichtig abstreifen und festkleben.

3 Jeweils drei Chenilledrähte zusammen spiralförmig um ein dickes Rundholz wickeln, abziehen und als Arme seitlich am Körper ankleben. An den Enden die Moosgummi-Pfoten fixieren.

4 Mit weißer Acrylfarbe das Gesichtsmuster aufmalen und den Bauchbereich mit einem Schwämmchen aufwischen. Den Schwanz aus Moosgummi zuschneiden und an der Körperrückseite fixieren. Den Schal umbinden und mit einem Pinsel Schneepaste auf der Katze und dem Untersetzer verteilen.

Let it snow

Winter-Lattinos

→ grüßen an der Türe

MATERIAL PRO FIGUR

- Holzlatte, 1 cm stark, 6 cm breit, 1 m lang
- Tonhalbtopf, 9 cm breit (Kopf)
- Tontopf, ø 8 cm
- Acrylfarbe in Weiß und Rehbraun
- 2 Wackelaugen, ø 1,5 cm
- Moosgummi in Braun bzw. Blau, 3 mm stark, A4

ZUSÄTZLICH SCHNEEMANN

- Wattekarotte, 10 cm lang
- Acrylfarbe in Schwarz und Azurblau
- Watte
- Wattekugel, ø 3,5 cm
- 2 Nägel, ø 5 mm, 1,5 cm lang
- Reisigrute, 70 cm lang
- Holzbrettchen (z. B. von Obstkiste), 7 cm x 30 cm
- Strickschlauch in Hellblau, 4 cm breit, 60 cm lang

ZUSÄTZLICH RENTIER

- Tonuntersetzer, ø 6 cm
- Langhaarplüschrest in Braun, 7 cm x 4 cm
- Strickschal in Oliv, 20 cm breit, 80 cm lang
- Minilichterkette in Grün mit 10 Lämpchen
- Sprühschnee
- Moosgummireste in Rot, Schwarz und Weiß, 2 mm stark
- ca. 15 Tannenzweigspitzen, 10 cm lang
- Steckdraht, ø 1,2 mm, 3 x 30 cm lang
- Holzbohrer, ø 3 mm
- Bürolocher

VORLAGENBOGEN 1A

1 Das untere Ende der Holzlatte als Stecker spitz zusägen. Die Holzteile weiß grundieren und mit einem feuchten Schwämmchen oder einem breiteren Flachpinsel braune Schlieren in die nasse Farbe einziehen. Beim Schneemann das Schild zusägen, ebenso bemalen und nach dem Trocknen den Schriftzug aufschreiben.

2a Für das Rentier den Untersetzer auf den Halbtopf kleben. Nase, Mund, Geweih und Ohren aus Moosgummi ausschneiden und nach Abbildung aufkleben. Mit schwarzer Farbe die Augenbrauen aufmalen und mit einem Buntstift kleine Wangenpünktchen aufsetzen. Die Wackelaugen platzieren und die Bäckchen aufwischen (siehe Seite 3). Das Plüschstückchen als Haare vor die Ohren kleben. Den Kopf aufkleben.

2b Für den Schneemann den Halbtopf weiß, den Tontopf blau bemalen. Mit einem feinen Haarpinsel das Muster auf den Hut malen. Die Wackelaugen und die gekürzte Karotte (ca. 6 cm lang) aufkleben und den Mund aufmalen. Die Wangenbäckchen aufwischen (siehe Seite 3). Den Hut auf den Halbtopf kleben und die Wattekugel als Bommel aufsetzen. Den Hut mit Watte und Wattekügelchen verzieren. Den Kopf auf die Holzlatte kleben.

Frohes Fest

WEITERFÜHRUNG

Winter-Lattinos

3 Beim Rentier unterhalb des Blumentopfrandes einen Moosgummistreifen ankleben und 20 cm unterhalb des Kopfes zwei Löcher im Abstand von 1,5 cm in die Latte bohren. Den Topf mit zwei Steckdrähten umwickeln, die Enden durch die Löcher in der Latte stecken und auf der Rückseite verdrehen. Überstehende Drahtenden mit einer Zange abkneifen. Die Moosgummisterne auf die Lämpchen stecken und ggf. mit etwas Alleskleber fixieren. Die Tannenzweigspitzen mit Wickeldraht zu einem Sträußchen binden, dabei die einzelnen Lämpchen mit einbinden. Das Kabel muss an der Latte nach hinten weg hängen. Den Strauß in den Topf stellen und evtl. mit einem U-förmig gebogenen Steckdraht laut Skizze fixieren.

4 Beim Schneemann das Schild ca. 10 cm unterhalb des Kopfes annageln. Das Reisig mit Wickeldraht bündeln und auf der Rückseite der Latte nach Skizze anschrauben.

5 Den Schal umbinden und mit Heißkleber fixieren. Beim Rentier die mit dem Bürolocher ausgestanzten Moosgummipunkte aufkleben und das Tier stellenweise mit Schneespray besprühen. Beim Schneemann einige Moosgummisterne fixieren, diese vorher mit weißer Acrylfarbe bemalen.

MOTIVHÖHE
ca. 16 cm

MATERIAL PRO WICHTEL

- Tontopf, ø 6 cm
- Tonuntersetzer, ø 6 cm und ø 7 cm
- Acrylfarbe in Weiß und Rot
- 2 Halbperlen in Schwarz, ø 5 mm
- Fotokartonrest in Weiß
- Wattekugel, ø 1,5 cm
- 35 Bouclewollfäden in Weiß oder Hellbraun, 4 cm lang
- Strickschlauch in Rot oder Rot-Weiß gestreift, 6 cm breit, 15 cm lang
- Motivlocher, ø 2,5 cm: Stern
- Watte
- Silberdraht von der Rolle, ø 0,25 mm
- dicker Karton, 1,5 cm x 4 cm

VORLAGENBOGEN 1B

Wichtelparade

→ Adventskalender oder Geschenkverpackung

1 Den größeren Untersetzer und die Wattekugel bemalen und trocknen lassen. Das Gesicht mit den Augen aus Fotokartonkreisen (ø 1 cm) und Halbperlen sowie bemalter Wattekugel gestalten. Mund und Wangenbäckchen aufmalen (siehe Seite 3).

2 Den Untersetzer und den Tontopf zusammenkleben, dabei etwas Watte mit einfassen. Am inneren Topfrand die einzelnen Wollhaare mit Alleskleber anbringen.

3 Für die Mütze den unbemalten Untersetzer in den Strickschlauch schieben und diesen unten zusammenziehen und vernähen. Das andere Strickschlauchende mit Draht abbinden und die Drahtenden spiralförmig um ein Stäbchen wickeln oder zusammennähen und eine Wattebommel aufsetzen. Am Drahtende oder mit einem extra Drahtstück einen ausgestanzten und beschrifteten Stern anbringen.

4 Den Pappstreifen oben am inneren Topf und darüber am inneren Untersetzerrand fixieren, so kann der Überraschungstopf auf und zugeklappt werden.

Weihnachtswichtel

→ liebenswertes Pärchen

MOTIVHÖHE
ca. 45 cm

MATERIAL PRO WICHTEL

- Tontöpfe, ø 3 cm, ø 4 cm und ø 5 cm
- Rosentopf, ø 7 cm und ø 10 cm
- Terrakottakugel, 5,5 cm breit, 4,5 cm hoch
- Wattekugel, ø 1,5 cm
- Acrylfarbe in Bordeaux, Elfenbein, Schwarz und Grün
- Jutegarn in Natur, ø 2,5 mm, 10 cm lang (Mütze)
- Wickeldraht in Blau, ø 0,5 mm, 15 cm lang

ZUSÄTZLICH JUNGE

- 25 Jutegarnfäden in Natur, ø 2,5 mm, 15 cm lang
- Strickschlauch in Grau, 3,5 cm breit, 60 cm lang
- 2 Filzsterne in Weiß, ø ca. 5 cm

MÄDCHEN

- Jutegarnfäden in Natur, ø 2,5 mm, 25 x 15 cm lang und 1 x 35 cm lang
- Filz in Weinrot, 5 mm breit, 2 x 10 cm lang
- 4 Filzsterne in Weiß, ø ca. 5 cm

VORLAGENBOGEN 1A

1 Die Tonteile und Wattekugeln laut Abbildung bemalen. Den Mützenrand nach dem Trocknen elfenbeinfarben grundieren oder ein Zickzackmuster aufmalen.

2 Das Gesicht gestalten (siehe Seite 3), die Nase aufkleben und den Kopf auf den Körper kleben.

3 Nach dem Trocknen die Jutefäden als Haare auf den Kopf kleben, trocknen lassen und die Frisur mit einer Schere in Form schneiden. Die einzelnen Juteschnüre aufzupfen und beim Mädchen zwei Zöpfchen mit schmalen Filzstreifen abbinden.

4 Die Tontöpfe für die Mütze aufkleben. Ein Stückchen Jutegarn mit einem Draht abbinden, etwas kringeln und in das Topfloch der Mützenspitze kleben. Am Drahtende einen Filzstern ankleben und einen zweiten auf der Mütze platzieren.

5 Dem Jungen einen Schal mit fransig eingeschnittenen und bemalten Enden umbinden. Für das Mädchen die restlichen Filzsterne mittig durchschneiden, als Kragen um den Hals kleben und eine Jutegarnschleife aufsetzen.

Nußknacker

→ braucht etwas Zeit

MOTIVHÖHE
ca. 55 cm

MATERIAL

- Tontopf mit zwei seitlichen Bohrungen, ø 7cm (Hut)
- Tontöpfe, 6 x ø 3 cm, 2 x ø 4 cm (Arme) und 1 x ø 8 cm (Kopf)
- Tonuntersetzer, 3 x ø 16 cm (Rock und Bodenplatte) und je 1 x ø 11 cm (Hutkrempe), ø 9 cm (Hals) und ø 8 cm (Schuhe)
- Rosenschale, ø 13 cm und ø 16 cm (Oberkörper)
- Rosentopf, ø 11 cm (Beine)
- Acrylfarbe in Weiß, Schwarz, Rot, Königsblau, Gold, Milchkaffee, Gelb und Oliv
- Wattekugeln, 2 x ø 4 cm (Armkugeln) und 1 x ø 3 cm (Hutspitze)
- Balsaholzrest, 3 mm stark
- Lurexkordel in Gold, ø 8 mm, 20 cm lang
- Kurzhaarplüsch in Weiß, 5 cm breit, 2 x 6 cm (Haare) und 1 x 8 cm lang (Bart)
- 2 durchbohrte Rohholzkugeln, ø 2,5 cm (Hände)
- 2 Rundholzstäbchen, ø 3 mm, ca. 15 cm lang
- Papierschnipsel

VORLAGENBOGEN 1B

1 Den Körper des Nussknackers nach Abbildung zusammenkleben. Für die Arme die Rundholzstäbchen in die Kugeln kleben und einen Tontopf aufstecken. Diesen bis zur Hälfte mit Papierschnipseln befüllen und den nächsten Topf aufstecken. Zusätzlich etwas Montagekleber in den Tontopf geben. Zum Schluss den größeren Tontopf aufstecken und eine Wattekugel als Abschluss in den Topf kleben, ggf. den Rundstab vorher etwas kürzen. Die Arme gut trocknen lassen.

2 Den Nussknacker wie abgebildet bemalen, vor jedem neuen Farbauftrag die angrenzende Farbe gut trocknen lassen. Das Gesicht wird nach Vorlage gemalt, die anderen Verzierungen frei Hand.

3 Die Figur ca. 2 Stunden gut trocknen lassen, anschließend die bemalten Arme mit Montagekleber aufsetzen und zum Trocknen mit einem Gummiband (keinen Klebefilm verwenden!) fixieren. Die Klebefläche später bemalen.

4 Das Balsaholzschwert mit einem Cutter zuschneiden, bemalen und der Figur ankleben. Die seitlichen Topflöcher am Hut ggf. mit einem Schraubenzieher etwas vergrößern und die Kordel einkleben. Zuletzt die Plüschhaare und den Bart ankleben.

Tischdekoration

→ witzig und frech

MOTIV-HÖHE
ca. 8 cm bis 15 cm

GRUNDMATERIAL
- Acrylfarbe in Weiß, Schwarz, Rot und Hellblau
- grobe Schneepaste in Weiß

ZUSÄTZLICH

BÄRENGEL
- Tontopf, ø 6 cm
- Bärentonkopf, ø 7 cm
- 2 Tonhände, 3 cm lang
- 2 Tonfüße, 4 cm lang
- Chenilledraht in Weiß, 8 mm stark, 30 cm (Beine) und 20 cm lang (Arme)
- Nikolausschal, 30 cm lang
- Engelsflügel in Weiß, 9 cm breit
- Strickschlauch in Rot, 3 cm breit, 2 x 7 cm lang
- Filzrest in Rot
- Holzschlitten in Natur-Rot, 14 cm lang

TISCHLICHT
- Glockentopf, ø 9 cm
- Bärentonkopf, ø 7 cm
- 2 Tonhände, 3 cm lang
- Nikolausschal, 30 cm lang
- Nikolausmütze, 7 cm lang
- Chenilledraht, 8 mm stark, 15 cm lang

PRO MINI-BÄR
- Bärentonkopf, ø 4 cm
- Tontopf, ø 3 cm
- 2 Tonhände, 1,5 cm lang
- 2 Tonfüße, 2 cm lang
- Chenilledraht in Weiß, 6 mm stark, 2 x 12 cm lang
- Strickschlauch in Rot, 1 cm breit, 15 cm lang
- Moosgummirest in Rot, 3 cm breit, 1 x 15 cm lang
- Tannenzweigspitze, 8 cm lang

VORLAGENBOGEN 1B

1 Die Tontöpfchen, Bärenköpfe, Hände und Füße mit weißer, das Glockentöpfchen mit roter Acrylfarbe bemalen. Den Rand des Glockentopfes zusätzlich mit weißer Farbe absetzen.

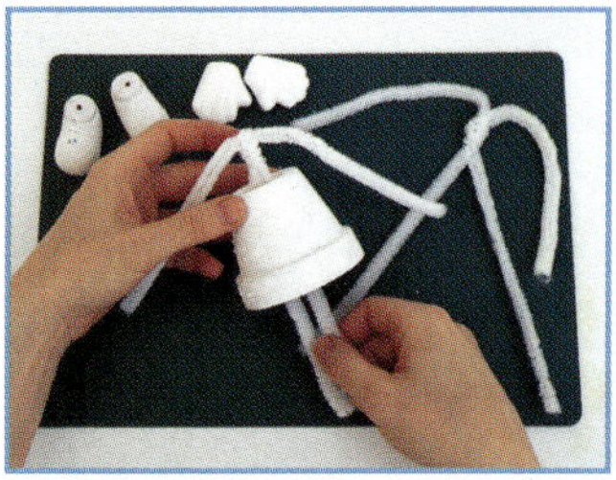

2 Die Gesichtszüge auf die Bärenköpfe übertragen und bemalen. Mit einem Schwämmchen etwas rote Farbe auf die Innenohren und die Bäckchen aufwischen (siehe Seite 3) und Hände und Füße bemalen.

3 Arme und Beine aus Chenilledraht nach Abbildung miteinander verdrillen und durch das Topfloch des Körpers stecken. An den Enden die Hände und Füße ankleben. Den Bärenkopf mit Montagekleber auf den Körper kleben

4 Beim Bärentischlicht das Armstück am Topfrand festkleben und die Hände an die Drahtenden kleben

5 Die Schals umbinden und nach Belieben eine Mütze aufkleben. Als Serviettenring einen Streifen Moosgummi zum Ring zusammenkleben und den Bär darauf fixieren. Als Tischkarte ein Schild in den Schoß geben.

Tipp: Die kleinen Bären können auch als Baumschmuck oder Geschenkanhänger verwendet werden und das Tischlicht kann statt mit einer Kerze mit kleinen Geschenken bestückt werden.

Sandra
X-MAS

Fröhliche Weihnachten!

→ auch als Adventskalender schön

Weihnachtsmann

1 Den Untersetzer, zwei Beintöpfe und die Pappstiefel schwarz, die übrigen Tontöpfe rot bemalen. Trocknen lassen und dann die Ränder von Körpertopf, großem Mützentopf und Pappstiefeln weiß grundieren und nach dem Trocknen mit Schneepaste betupfen. Die Stiefel mit Silber schattieren.

2 Die Stiefel bis ca. 3 cm unterhalb des Randes fest mit Zeitungspapier ausstopfen und die Beintöpfchen mit Montagekleber einkleben. Darauf mittig den Untersetzer (flache Seite nach unten) kleben und gut durchtrocknen lassen.

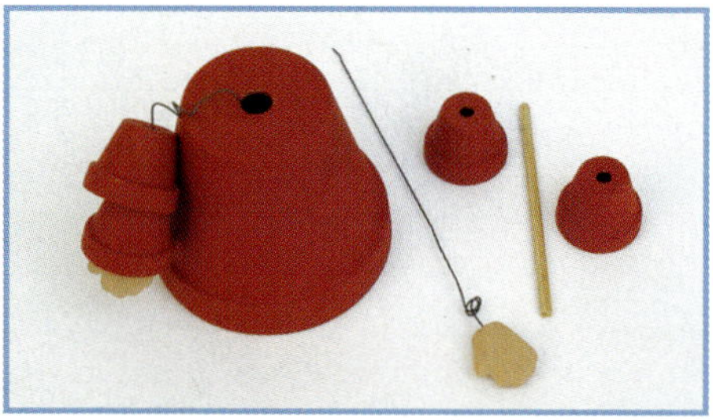

3 Jeweils ein Steckdrahtende in eine vorgebohrte Handöffnung kleben. Den Draht mit einer Zange etwas oberhalb der Hand zu einer Öse drehen und den ersten Topf auffädeln. Den Draht erneut zu einer Öse biegen und den zweiten Topf auffädeln. Den übrigen Draht zwei- bis dreimal mal wellig biegen und durch das Topfloch des Körpers stecken. Die Drahtenden über einem Hölzchen im Topfinneren miteinander verdrehen.

4 Die Mützentöpfchen zusammenkleben und als Bommel eine abgeschnittene und mit Strukturschnee bestrichene Wattekugel aufkleben. Die Mütze auf den Kopf, diesen auf den Körper und den Oberkörper auf den Untersetzer kleben. Die Einzelteile zwischendurch antrocknen und die gesamte Figur weitere zwei Stunden gut durchtrocknen lassen.

5 Den weißen Filz doppelt legen und mit Alleskleber zusammenkleben, so wirkt er plastischer. Die Haar- und Bartteile zuschneiden – dafür Transparentpapierschablonen anfertigen und diese auf dem Filz feststecken. Den Mund aus rotem Filz zuschneiden und anschließend alle Filzteile nach Abbildung aufkleben. Die Augen und die rot bemalte Wattekugel als Nase aufkleben. Die Bäckchen mit weißer und roter Farbe aufwischen (siehe Seite 3). Aus Moosgummi den Gürtel und die Schließe ausschneiden und fixieren.

Motivvariante: Kleine Gabentöpfchen können aus Tonuntersetzern und -töpfen (ø 6 cm) gebastelt werden. Diese bemalen, zusammenkleben und den Rand mit grober Schneepaste gestalten. Zum Verschließen einen Krepppapierstreifen (13 cm x 35 cm) einkleben und mit Satinband zubinden.

MOTIVHÖHE
ca. 45 cm

MATERIAL

- Tontöpfe, ø 12 cm (Körper), ø 3 cm, ø 4 cm, ø 6 cm (Mütze) und 6 x ø 4 cm (Arme und Beine)
- Tonuntersetzer, ø 12 cm
- Tontopfkugel, ø 5,5 cm, 4,5 cm hoch
- 2 Tonhände, ca. 3,5 cm lang
- Acrylfarbe in Schwarz, Silber, Rot und Weiß
- grobe Schneepaste in Weiß
- Steckdraht in Blau geglüht, ø 1,6 mm, 2 x 25 cm lang
- 2 Halbperlen in Schwarz, ø 6 mm
- 2 Fotokartonkreise in Weiß, ø 8 mm
- Filzrest in Rot
- Filz in Weiß, 30 cm x 45 cm
- Wattekugeln, ø 2 cm (Nase) und ø 2,5 cm (Bommel)
- 2 Pappstiefel, 7 cm lang, 7 cm hoch
- Moosgummi in Schwarz, 2 mm stark, 1,5 cm x 30 cm lang
- Moosgummirest in Grau, 2 mm stark
- Zeitungspapier

VORLAGEN-BOGEN 1A

Tierischer Baumschmuck

→ auch als Geschenkanhänger

MOTIVHÖHE
ca. 5 cm bis 8 cm

MATERIAL PRO FIGUR
- Tontopf, ø 3 cm
- Wattekugel, ø 1,8 cm (Pinguin), ø 2 cm (Vogel), ø 2,5 cm (Rentier, Bär)
- durchbohrte Rohholzkugel, ø 1 cm
- grobe Schneepaste in Weiß (außer Pinguin)
- Messingglöckchen, ø 1,7 cm
- Moosgummireste in Schwarz und Gelb bzw. Grau oder Hellbraun, 2 mm stark
- Goldfaden, ø 0,1 mm, 80 cm lang (Aufhängung)

ZUSÄTZLICH PINGUIN
- Acrylfarbe in Schwarz und Weiß
- 2 Pompons in Gelb, ø 1 cm
- Chenilledraht in Grün, ø 4 mm, 3 cm lang
- Styropor-Ei, 4 cm hoch

MAUS
- Acrylfarbe in Schwarz und Weiß
- Antikfarbe in Grau
- Strickschlauch in Blau, 3 cm breit, 10 cm lang
- Wattekugel, ø 1,5 cm
- Rohholzperle, ø 8 mm
- 2 ovale Wackelaugen, ø 8 mm

RENTIER
- Acrylfarbe in Schwarz, Weiß und Rehbraun
- Schleifenband in Rot-Grün kariert, 1,5 cm breit, 10 cm lang
- Silberdraht, 3 cm lang

BÄR
- Nikolausmütze, 7 cm lang
- Acrylfarbe in Milchkaffee und Rehbraun

MEISE
- Acrylfarbe in Schwarz, Weiß und Gelb
- 2 Halbperlen in Schwarz, ø 3 mm
- Tonpapierrest in Rot

VORLAGENBOGEN 2A

1 Die Tontöpfe, Wattekugelköpfe und Moosgummiteile laut Abbildung bemalen und die Köpfe gestalten. Für die Schnauze der Maus eine Wattekugel halbieren und als Spitze die Holzkugel aufsetzen. Die Wangen wie auf Seite 3 beschrieben röten.

2 Der Maus die Wackelaugen und der Meise die halben Holzperlen als Augen aufkleben, bei den anderen Tieren die Augen aufmalen. Der Pinguin erhält Ohrenschützer aus Chenilledraht und Pompons, Bär und Maus Mützen. Diese vor dem Ankleben der Ohren aufsetzen. Für die Maus den Strickschlauch an einem Ende abbinden und das andere Ende etwas hochrollen.

3 Das Glöckchen mittig auf den Aufhängefaden fädeln und diesen verknoten. Ca. 8 cm höher eine Rohholzkugel auffädeln und zum Fixieren den Faden ein zweites Mal durch die Perle ziehen, dann den Tontopf auffädeln und auf der Nadel aufgefädelt durch den Kopf stechen. Zwischen Kopf und Tontopf einen Klecks Kleber anbringen. Der Pinguin hat kein Glöckchen, hier gleich die Holzperle auf den Aufhängefaden aufziehen und das halbierte Styropor-Ei in den Tontopf einkleben.

4 Das Rentier mit einer Schleife schmücken und der Meise die Sternenkette in den Schnabel kleben. Zum Schluss den Tieren mit einem grobem Pinsel Schneepaste auftupfen.

Räucher-männchen

→ im bäuerlichen Gewand

MOTIVHÖHE
ca. 43 cm

MATERIAL RÄUCHERMÄNNCHEN
- Glockentopf, ø 9 cm
- Terrakottakugel, 5,5 cm breit, 4,5 cm hoch
- Rosentöpfe, ø 7 cm und ø 12 cm
- Tonuntersetzer, ø 16 cm
- Tonhalbtöpfe, 2 x 3,5 cm (Hände) und 4 x 6 cm breit (Arme)
- Acrylfarbe in Weiß, Schwarz, Türkisblau und Gelb
- Modelliermasse in Orange
- Knopf in Gelb, ø 1,5 cm
- geriffelter Rundholzstab, ø 8 mm, 33 cm lang
- Sperrholzrest, 4 mm stark
- Steckdraht, ø 1,2 mm, 4 cm lang
- Steinbohrer, ø 8 mm (Mund) und ø 1 cm
- Laubsäge

PRO TANNE
- Tontöpfe, ø 3 cm, ø 5 cm und ø 7 cm (kleine Tanne) oder ø 3 cm, ø 5 cm, ø 7 cm und ø 8 cm
- Tonuntersetzer, ø 6 cm (kleine Tanne) und ø 7 cm (große Tanne)
- Acrylfarbe in Weiß, Grün und Rehbraun
- Holzstern in Gelb-Rot, ø 3 cm

VORLAGENBOGEN 1 B

Räuchermännchen

1 Die Gesichtszüge auf den Kopf übertragen und das Mundloch einbohren. Für einen besseren Rauchabzug ca. 1,5 cm über dem Topfrand des großen Rosentopfes ein Bohrloch (ø 1 cm) anbringen.

2 Die große Sternvorlage auf Sperrholz übertragen und aussägen.

3 Die Tontöpfe weiß bzw. schwarz grundieren und nach dem Trocknen das Gesicht und die Kleiderverzierung aufmalen. Die Nase wird aus Modelliermasse geformt und ist ca. 1,5 cm lang (siehe auch Seite 5).

4 Den kleinen Rosentopf auf den größeren Topf kleben, das Bohrloch befindet sich dabei auf der Rückseite. Darauf den Kopf und den Hut setzen und seitlich die Halbtöpfchen als Arme von oben nach unten ineinander gesteckt aufkleben. Zwischendurch alles immer wieder antrocknen lassen. Die Hände mit der Öffnung nach innen in die Arme kleben. Faden in den Knopflöchern vernähen und den Kopf aufkleben.

5 Das Räuchermännchen mit einem Räucherkegel auf den Untersetzer stellen, es wird nicht aufgeklebt. Die Figur (nicht die Stellfläche) mit Klarlack überziehen, den Untersetzer aber nur außen lackieren. Der Lack würde beim Abbrennen des Räucherkegels verbrennen.

6 Den Rundstab oben leicht schräg anspitzen, mit einer dicken Stopfnadel ein Loch im Stern und Stab vorstechen und beide mittels einem eingeklebten Draht verbinden und bemalen.

7 Den Stab mit Montagekleber an der Figur fixieren. Nach dem Trocknen den Kleber mit Acrylfarbe überstreichen.

Tanne

Die Tontöpfe und den Untersetzer laut Abbildung bemalen und zu Bäumen übereinander kleben. Mit einem Schaschlikstäbchen oder Zahnstocher und weißer Acrylfarbe die Schneeflocken auftupfen. Den Holzstern im oberen Topfloch einkleben und zusätzlich etwas Schnee aufmalen.

Tipp: Passend zum Räuchermännchen können auch Tontöpfe als Teelichthalter bemalt werden (ø 4 cm).

Löffelkerlchen®-Engel

→ liebe Geschenkidee

MOTIVHÖHE
28 cm bis 42 cm

MATERIAL GROSSER ENGEL

- Tontöpfe, ø 3 cm und ø 8 cm
- Kochlöffel mit ovaler Kelle, ø 6 cm, 40 cm lang
- Acrylfarbe in Bayrischblau, Haut, Bordeaux, Elfenbein, Lindgrün und Gold
- Modelliermasse in Gelb (Kerzenflamme)
- Zahnstocher
- 2 halbgebohrte Rohholzkugeln, ø 2 cm
- Moosgummi- oder Fotokartonrest in Weiß, ø 3 cm
- Plakatkartonrest in Gold
- Filzrest in Goldgelb
- Lurexkordel in Gold, ø 8 mm, 30 cm lang (Arme)
- 21 Lurexkordelfäden in Gold, ø 4 mm, 20 cm lang (Haare)
- Sisalstern in Grün, ø 7 cm

KLEINER ENGEL

- Kochlöffel mit runder Kelle, ø 4,5 cm, 25 cm lang
- Tontopf, ø 6 cm
- Acrylfarbe in Bordeaux, Elfenbein, Lindgrün, Hautfarbe und Schwarz
- Plakatkartonrest in Gold
- Knopf in Elfenbein, ø 1 cm
- Filzsternenkette in Weiß, ca. 50 cm lang
- Sisalstern in Grün, ø 7 cm
- Lurexkordel in Gold, ø 8 mm, 25 cm lang (Arme)
- 10 Lurexkordelfäden in Gold, ø 6 mm, 8 cm (Haare)
- 2 halbgebohrte Rohholzkugeln, ø 1,5 cm
- Filzreste in Weiß und in Oliv

VORLAGENBOGEN 2A

1 Den Löffelstiel grün, die Kelle und die Holzkugeln hautfarben bemalen. Das Gesicht gestalten (siehe Seite 3). Die Tontöpfe nach Abbildung grundieren.

2 Die Papier- und Filzteile zuschneiden. Die Flügel mit einem goldenen Lackmalstift umranden.

3 Den Sisalstern auf den Löffelstiel schieben und diesen mit Montage- oder Heißkleber in die Tontopföffnungen einkleben, ggf. die Öffnungen mit einer Rundfeile vergrößern. Nach dem Trocknen die Goldschnur mittig als Arme auf die Tontopfrückseite kleben. Die Holzkugelhände an die Kordelenden kleben.

4 Die Haarstücke mittig oder an einem Ende zusammenbinden, aufkleben und in Form schneiden und beim kleinen Engel einen Flicken (2 cm x 2 cm) aufkleben. Dafür den Draht durch die Knopflöcher ziehen, die Enden mithilfe eines Zahnstochers locken und den Knopf auf den Flicken kleben.

5 Für die Kerze beim großen Engel die Flamme aus Modelliermasse formen, den Zahnstocher als Docht einstecken und nach Herstellerangaben im Backofen härten. Nach dem Erkalten die Flamme mit Acrylfarbe schattieren und den Docht bemalen. Mittig in eine Moosgummischeibe ein Loch mit ø 2 mm einstechen und den Docht einkleben. Die Moosgummischeibe am Rand mit Klebstoff bestreichen und in den bemalten Minitontopf kleben. Diesen zwischen die Hände kleben und die Klebestellen mit Acrylfarbe bemalen. Der kleineren Engel hält eine Sternenkette in seinen Armen, diese einfach auflegen.

Weihnachtsgans

→ macht kurz eine Pause

MOTIVHÖHE
ca. 45 cm

MATERIAL
- Tontöpfe, ø 5 cm und ø 8 cm (Hals)
- Rosentopf, ø 16 cm
- 2 Halbtöpfchen, 3,5 cm breit
- Acrylfarbe in Weiß und Orange
- Styropor-Ei, 8 cm hoch (Kopf)
- lufttrocknende Modelliermasse in Weiß
- 2 Halbperlen in Schwarz, ø 8 mm
- Sisalfigurendraht, ø 1 cm, 2 x 18 cm lang
- Strickschlauch in Rot, 4 cm breit, 60 cm (Schal)
- Strickschlauch in Rot, 3 cm breit, 2 x 10 cm lang (Strümpfe)
- Strickschlauch in Rot-Gold, 6 cm, 20 cm lang (Mütze)
- Moosgummirest in Orange, 3 mm stark
- Moosgummi in Weiß, 3 mm stark, 30 cm x 40 cm
- Filzsternenkette in Weiß, 50 cm lang
- Filzrest in Orange
- Watte

VORLAGENBOGEN 2 B

1 Die Tontöpfe nach Abbildung zusammenkleben (die Halbtöpfe noch nicht aufkleben).

2 Für den Kopf vom Styropor-Ei ein Drittel abschneiden und den Schnabel (Modelliermassekegel, ø 4,5 cm, 7,5 cm lang) mit der flachen Seite aufsetzen. Die Modelliermasse dabei etwas über das Ei drücken. Die restliche Eifläche dünn mit Modelliermasse ummanteln und die Halbperlen als Augen eindrücken.

3 Den Schnabel vorsichtig mit feuchten Fingern ausformen, die Trennlinie und die Schnabellöcher mit einem Messer ausarbeiten. Quer in den Schnabel mit einer Stecknadel ein Loch einbohren. Nach dem Trocknen (siehe Herstellerangaben) den Kopf mit Montagekleber auf den Körper kleben (Übergänge ggf. mit Klebstoff ausfüllen) und ca. zwei Stunden trocknen lassen. Dann alles zweimal weiß grundieren und den Schnabel und die Halbtöpfe orange bemalen.

4 Flügel und Füße aus Moosgummi zuschneiden. Die Flügel mit Alleskleber und die Halbtöpfchen mit Montagekleber anbringen, trocknen lassen, den Figurendraht biegen und in die Töpfe einkleben. Die Strickschlauchstrümpfe überstreifen und je zwei zusammengeklebte Füße ankleben.

5 Für die Mütze den Strickschlauch auf einer Seite abbinden und einen Wattepompon ankleben. Die Mütze aufkleben und den Rand mit Watte umkleben. Den Schal umbinden und die Enden fransig einschneiden.

6 Der Gans die Sternenschnur in das Schnabelloch kleben und die restlichen Sterne auf der Mütze und dem Schal verteilt ankleben. Einige weiße Sterne können zuvor mit orangefarbenem Filz beklebt werden.

Die Nordmänner sind da!

→ halten auch Wärme aus

MOTIVHÖHE
ca. 20 cm

MATERIAL PRO FIGUR

- Tontöpfe, ø 2,5 cm, ø 4 cm und ø 8 cm
- Acrylfarbe in Weiß und Schwarz sowie Rot, Grün oder Blau
- Moosgummi in Rot, Blau oder Grün, 2 mm stark, ø 4 cm
- 2 Halbperlen in Schwarz, ø 4 mm
- Modelliermasse in Orange
- Filz in Rot, Blau oder Grün, 1,5 cm breit, 28 cm lang

VORLAGENBOGEN 1B

1 Die beiden größeren Tontöpfe weiß, den kleineren Topf laut Abbildung grundieren. Nach dem Trocknen der Farbe die Verzierungen und Gesichter übertragen und mit einem feinen Haarpinsel aufmalen. Die Wangenbäckchen mit einem Schwämmchen aufwischen (siehe Seite 3), die Nasen aus Modelliermasse formen (ca. 2,5 cm lang) und nach Herstellerangaben härten. Nasen und Augen aufkleben.

2 Den Kopf auf den Körper kleben und Hutkrempe und Hut aufkleben. Den Schal umbinden und die Enden fransig einschneiden.

Tipp: **In den Hut passen Kerzen mit ø 2 cm gut, diese am besten auf ca. 6 cm kürzen.**

Bärige Weihnachten

→ als Wand- oder Türschmuck

MOTIVHÖHE
ca. 75 cm

MATERIAL
- Tonuntersetzer, ø 8 cm und ø 16 cm
- 2 Tonglocken, ø 6 cm
- Moosgummireste in Schwarz und Braun, 3 mm stark
- Moosgummireste in Weiß, Haut und Schwarz, 2 mm stark
- je 2 Moosgummikreise in Weiß und Schwarz, ø 1,5 cm und ø 2 cm
- Acrylfarbe in Schwarz, Weiß und Rot
- Antikfarbe in Herbstrot
- Strickschlauch in Rot, 80 cm lang
- Nikolausmütze in Rot, ø 15 cm
- Watte
- 4 Fichtenzapfen, ca. 15 cm lang
- 4 Rebenbüschel, ca. 15 cm lang
- 4 Tannenzweigspitzen, ca. 8 cm lang
- Jutegarn in Rot, ø 2,5 mm, 4 x 50 cm lang
- Wickeldraht, ø 0,5 mm, 3 m lang
- Bohrer, ø 4 mm

VORLAGEN-BOGEN 1B

1 Seitlich im großen Untersetzer zwei Löcher bohren (siehe Skizze). Den Draht doppelt legen, quer von einem zum anderen Loch spannen und die Enden miteinander verdrehen. Überstehenden Draht mit einer Zange abkneifen.

2 Die Untersetzer mit Antikfarbe grundieren. Die Moosgummiohren ausschneiden, zusammenkleben,

WEITERFÜHRUNG

Bärige Weihnachten

und innen mit einem Buntstift schattieren. Ohren, Nase und Augen aufkleben und die Gesichtslinien aufmalen. Mit etwas weißer Stempelfarbe die Bäckchen aufwischen. Die Punkte mit einem Pinsel aufmalen und Ohrenränder und Nasenmuster aufmalen und mit einem Schwämmchen verwischen.

3 Die Glocken und Zapfen an unterschiedlich langen Drähten festbinden (siehe Skizze). An jedem Zapfen ein Rebenbüschel, einen Tannenzweig und eine gebundene Juteschleife mit Heißkleber fixieren. Den Wickeldraht mithilfe eines Bleistiftes kräuseln und die Stränge am Aufhängedraht fixieren.

4 Dem Bären eine Mütze aufsetzen und Watte darum herum kleben. Den Strickschlauch als Schal umlegen, verknoten und an einigen Stellen mit Heißkleber am Untersetzerrand fixieren. Die Enden fransig einschneiden.

MOTIVHÖHE
ca. 50 cm

MATERIAL

- Rosentontopf, ø 30 cm
- Terrakottakugel, ø 20 cm
- Acrylfarbe in Weiß, Schwarz, Weinrot, Orange und Hellblau
- Plusterfarbe in Weiß
- Sprühschnee
- Jutekordel in Rot, ø 1 cm, 1 m lang
- Holzstern in Gelb, ø 5 cm
- Mini-Tannengirlande, ø 1,5 cm, 60 cm lang
- Watte
- Kinderstrickmütze in Rot
- Pompon in Weiß, ø 4 cm
- zum Dekorieren: Naturplattenmoos, Zapfen, Äpfelchen, Efeublätter, Tannenzweigspitzen, Rebenzweigchen
- zum Auffüllen des Topfes: Erde oder Zeitungspapier

VORLAGENBOGEN 2B

1 Die Gesichtszüge nach Vorlage auf die Terrakotta-Kugel übertragen und mit Acrylfarben gestalten. Die Bäckchen mit weißer Stempelfarbe auftupfen (siehe Seite 3).

2 Den Haarkranz aus loser Watte mit Alleskleber aufkleben, mit Schneespray besprühen und auch etwas Schnee auf die Nase tupfen.

3 Den Tontopf mit Zeitungspapier ausstopfen oder mit Erde auffüllen und die Kugel mittig im Topf platzieren. Efeuranken, Rebenzweigchen und Tannenzweige in die Erde stecken oder mit der Klebepistole auf dem Papier fixieren. Die Lücken mit Plattenmoos, Tannenzweigen und kleinen Früchten ausfüllen. Eine große Schleife aus Jutekordel mit Draht abbinden, mit einem Stern bekleben und in den Topf einstecken.

4 Aus der Tannenzweiggirlande die Zahlen biegen, mit Heißkleber am Topf befestigen und mit Schnee übersprühen.

Tipp: Alternativ können Sie für den geschützten Eingangsbereich den Topf auch mit Efeu und winterharten Stauden bepflanzen und mittig das Gesicht platzieren.

Weihnachts(b)engel

→ ausgefallener Türschmuck

Engel-Duo

→ kleine Weihnachtsbotschafter

MATERIAL PRO ENGEL

- Rosentopf, ø 7 cm, 9 cm hoch
- Tonglocke, ø 6 cm
- Acrylfarbe in Hautfarbe, Silber, Rot sowie Mint oder Blau
- Fotokartonreste in Weiß, Chamois und Silber
- Chenilledraht in Weiß, 4 mm stark, 25 cm lang
- 2 Holzperlen in Weiß, ø 1 cm
- 25 Bouclewollfäden in Weiß, 20 cm bis 25 cm lang
- Bindedraht in Altsilber, ø 0,25 mm, 4 x 10 cm lang
- Motivlocher, ø 8 mm und evtl. ø 1,5 cm: Stern
- Lurexkordel in Silber, ø 1 mm, 30 cm (Schleife) und 2 x 20 cm lang (Haarbänder, nur mintfarbener Engel)
- dicker Karton oder Balsaholzrest, 5 cm x 3 cm (Buch, nur mintfarbener Engel)

VORLAGENBOGEN 2B

Bild auf Seite 1

1 Den Rosentopf und die Glocke grundieren und den silbernen Rand und das Gesicht aufmalen. Das Loch des Rosentopfes mit einer Rundfeile etwas weiten, den großen Papierstern auflegen und die Glocke einkleben.

3 Die Holzperlen an die Chenilledrahtenden kleben und die Arme und Flügel auf der Tontopfrückseite ankleben. Am Flügelrand vorher kleine Zierstriche aufmalen. Die Schleife umbinden.

4 Die Wollfäden mit einem separaten Faden mittig zu einem Haarbüschel abbinden. Die Glocke mit Papier ausstopfen und das Haarbüschel aufkleben. Dem mintfarbenen Engel kleine Zöpfchen abbinden, die Frisur in Form schneiden und einen Stern ins Haar kleben. Dem blauen Engel kleine Drahtspiralen mit angeklebten Ministernen ins Haar stecken.

5 Den Engel mit ausgestanzten Sternen bekleben und ein Buch oder ein Kuvert ankleben. Für das Buch dicken Karton oder Balsaholz zuschneiden, mittig mit einer Stricknadel einen Falz eindrücken und das Buch bemalen. Das Kuvert zuschneiden, falten und am Rand mit kleinen Zierstichen versehen.

DIESES BUCH ENTHÄLT 2 VORLAGENBOGEN

IMPRESSUM

Herzlichen Dank an die Firmen Hobbygross Erler, Rohrbach, Rayher, Laupheim, und Knorr Prandell, Lichtenfels, für die freundliche Unterstützung.

VORLAGEN-REINZEICHNUNGEN/MATERIAL- UND SCHRITTFOTOS: Ottmar Heinzmann
FOTOS: frechverlag GmbH, 70499 Stuttgart; Fotostudio Ullrich & Co., Renningen
DRUCK: frechdruck GmbH, 70499 Stuttgart

Auflage: 5. 4. 3. 2. 1.
Jahr: 2008 2007 2006 2005 2004 [Letzte Zahlen maßgebend]

ISBN 3-7724-3306-5
Best.-Nr. 3306